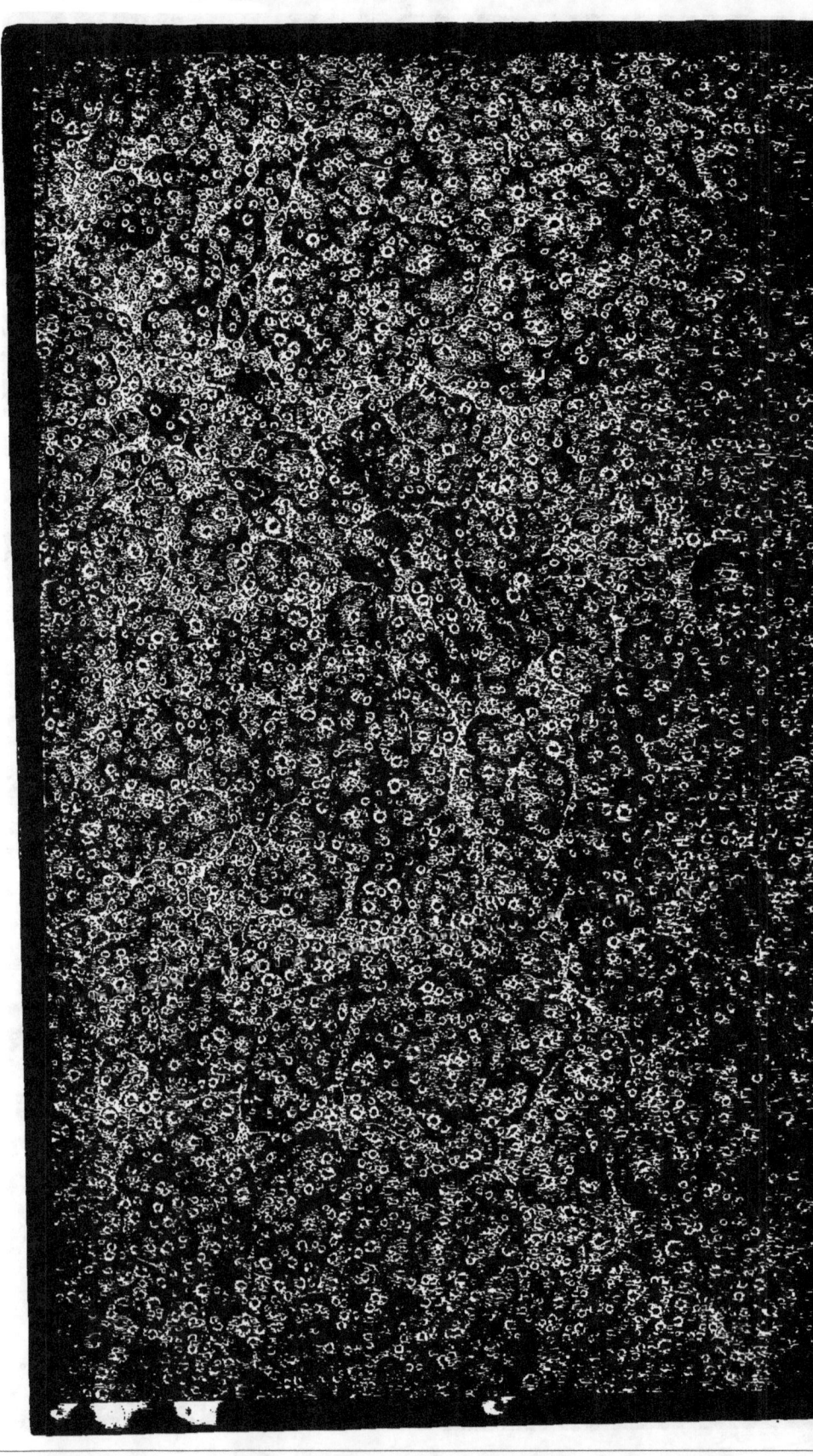

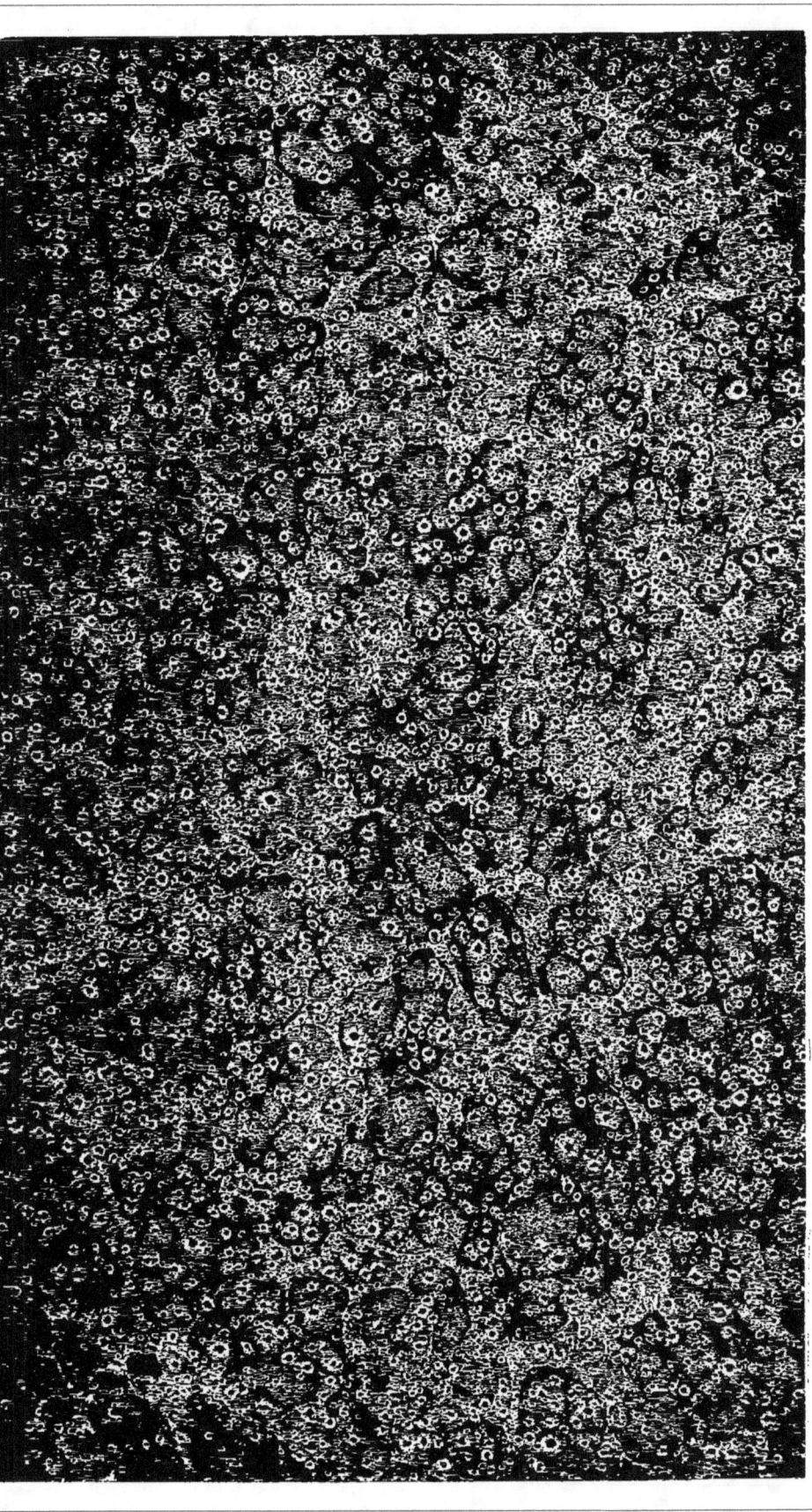

Lib 5 68

BATAILLE DE FONTENOY.

AUXERRE. — TYPOGRAPHIE DE PERRIQUET.

NOTICE

HISTORIQUE ET GÉOGRAPHIQUE

SUR LA

BATAILLE DE FONTENOY,

PAR

M. PAULTRE DES ORMES,

Ancien Officier d'artillerie de l'armée d'Égypte.

A AUXERRE,

Chez M. GUILLAUME-MAILLEFER, Libraire;

Et chez M. FRANÇOIS, Libraire.

1849

PRÉFACE.

L'histoire des antiquités de notre pays de Puisaye offre à l'esprit un attrait irrésistible. Ces grands bois silencieux, qui recèlent dans leur sein tant de souvenirs du passé, invitent à la méditation et à la rêverie. On ravive par la pensée les temps antiques où nos pères, représentants de la civilisation primitive, parcouraient les forêts vierges et sacrifiaient des victimes humaines à leurs dieux impitoyables. L'époque gallo-romaine, le moyen-âge y ont aussi conservé des témoins encore debout.

J'ai passé de longues années de ma vie au milieu de ce pays, et j'ai pu consacrer, à l'étudier, les loisirs forcés que me laissait ma santé affaiblie par la guerre.

Le Mémoire que je publie aujourd'hui est le premier des essais que j'ai composés sur les nombreux sujets d'études que présente la Puisaye. S'il est favorablement accueilli du public, j'y verrai un motif d'encouragement à continuer l'impression des autres, et j'y trouverai ma plus douce récompense, si ces recherches, longuement approfondies, sont de quelque utilité pour faire connaître cette partie de la France trop négligée des savants.

Saint-Sauveur, le 20 décembre 1848.

PAULTRE DES ORMES,

Ancien officier d'artillerie de l'armée d'Égypte.

NOTICE

HISTORIQUE ET GÉOGRAPHIQUE

SUR LA

BATAILLE DE FONTENOY.

I

La bataille dite de Fontenoy est une des plus fameuses et des plus sanglantes dont fassent mention les annales de notre histoire ; nulle autre ne décida de plus grands intérêts et n'eut de résultats plus majeurs ; toutes les forces de la France, de l'Italie et d'une partie de la Germanie y combattirent en bataille rangée ; et, selon les historiens du temps, plus de cent mille hommes périrent dans cette sanglante journée qui mit fin à l'empire de Charlemagne.

Il est bien surprenant qu'une bataille aussi considérable ait été décrite avec si peu de soins et de détails par les historiens contemporains, qu'on soit encore aujourd'hui dans l'incertitude sur l'endroit où elle s'est donnée. Nithard, qui nous en a laissé la relation la plus authentique et qui fut un des principaux acteurs de cette scène de carnage, comme il nous l'apprend lui-même (1), se contente de désigner le lieu où les armées en vinrent aux mains sous le nom de *Fontanctum*, ou plutôt il indique sous ce nom le campement de Lothaire près duquel s'est livrée la bataille. Tous ceux qui depuis cet historien ont parlé de cette affaire ont traduit diversement le nom de *Fontanetum*, mais aucun n'a désigné cet endroit d'une manière précise, et ils se sont contentés de dire que le combat avait eu lieu près

(1) Nithard était petit-fils de Charlemagne, par sa mère Berthe, fille de ce prince et par conséquent, cousin issu de germain des trois souverains qui combattirent à Fontenoy. Il commandait l'un des principaux corps de l'armée du roi de France et joua un rôle marquant dans cette journée; comme on le voit dans sa relation dont le manuscrit est parvenu jusqu'à nous.

Ce manuscrit aujourd'hui déposé à la bibliothèque du Vatican, sort dans le principe de celle de l'ancienne abbaye de Fleury-sur-Loire. Cette abbaye située entre Gien et Orléans, ayant été pillée par les protestants dans les guerres de religion qui dévastèrent une partie de la France dans le xvi° siècle, le manuscrit de Nithard tomba entre les mains d'un soldat calviniste qui le vendit à M. Daniel d'Orléans. A sa mort il fut acheté ainsi qu'une partie de sa bibliothèque par M. Petau, conseiller au parlement, au décès duquel les manuscrits de sa bibliothèque furent acquis pour le compte de Christine de Suède et transportés à Stockholm. Cette princesse philosophe ayant abdiqué la couronne pour se débarrasser des peines et des tracas du gouvernement, prit la résolution de fixer sa résidence à Rome alors la patrie des sciences et des beaux-arts ; elle y transporta ses livres et à sa mort, d'après ses dernières volontés, ses manuscrits furent déposés à la bibliothèque du Vatican et celui de Nithard y fut classé sous le n° 1964.

Nous possédions en France une copie très-ancienne de ce manuscrit qui était à la bibliothèque de l'abbaye de St.-Victor sous le n° 419.

Dans la collection des historiens de France, on a imprimé cette relation d'après le manuscrit du Vatican. Voyez cet ouvrage, année 841.

de *Fontenoy*, bourg de l'Auxerrois. Comme il existe plusieurs pays de ce nom ou d'analogues dans cette partie de la Basse-Bourgogne indiquée comme le théâtre de cette guerre, tels que *Fontenoy*, *Fontaine*, *Fontenaille*, etc., dérivés du mot latin *Fontanetum*, plusieurs savants ont fait des recherches critiques et géographiques pour déterminer, d'après le peu de données que nous offre la relation de cette guerre, le lieu auquel on pourrait appliquer avec le plus de droit ce nom de *Fontanetum*. Mais la plupart de ces auteurs, faute de connaissances dans l'art militaire, ont erré dans la partie de leur dissertation relative aux marches et campements des armées et n'ont pu argumenter que sur des rapprochements de noms, procédé qui, dans ces matières, ne se prête que trop aux idées de l'écrivain et qui contribue plus souvent à l'éloigner du but qu'à l'en rapprocher.

M. l'abbé Lebeuf, chanoine de la cathédrale d'Auxerre, homme d'une grande érudition, fut un des premiers à faire des recherches géographiques et historiques sur ce sujet. Mais malgré la facilité qu'il devait trouver dans son voisinage des lieux, l'ignorance dans laquelle il était des premiers éléments de la tactique militaire, l'a fait tomber dans beaucoup d'erreurs et il n'a fait preuve dans cette dissertation que d'une science de synonimie très-ingénieuse mais qui a été loin de le conduire au but qu'il s'était proposé (1).

M. Pasumot, professeur au collége d'Auxerre, l'homme

---

(1) Voyez son ouvrage intitulé : Recueil de divers écrits pour servir d'éclaircissements à l'histoire de France, t. 1, Paris, 1738. On peut voir aussi ce qu'il en dit dans son Histoire d'Auxerre.

le plus instruit et le plus judicieux en matière d'antiquités qu'ait possédé cette ville au siècle dernier, a également donné sur ce sujet une dissertation très-intéressante, mais les mêmes causes qui ont fait errer l'abbé Lebeuf ont produit des résultats presque aussi mauvais chez cet écrivain ; j'indiquerai dans le cours de ma dissertation les opinions de ces deux savants et je ferai remarquer les points sur lesquels je diffère d'opinion avec eux.

M'étant occupé longtemps de recherches sur les antiquités de l'Auxerrois, mon pays natal, et habitant près du pays désigné comme ayant été le théâtre de cette guerre, j'ai dû naturellement m'emparer d'un sujet qui devait m'intéresser sous tant de rapports. Comme militaire je pouvais apporter dans les recherches à faire une critique plus exacte et plus sévère que la plupart des écrivains qui avaient déjà traité cette même matière; d'ailleurs, demeurant sur les lieux j'ai été plus à même que qui que ce soit d'appliquer le dire des historiens sur les localités qui pouvaient y convenir, et, après m'être bien pénétré de la position où se trouvaient les princes ennemis, retrouver sur le le terrain même, les marches et les campements de leurs différentes armées, et par ce moyen arriver avec plus de méthode au lieu précis où elles en sont venues aux mains.

Pour mettre le lecteur plus à même de me suivre dans les recherches que nous allons faire ensemble, je crois devoir lui rappeler par un récit succinct les événements qui ont précédé de quelques années la bataille dont il va être question. Le rapport de Nithard sera la base principale sur laquelle s'appuieront mes recherches; je regarde son récit comme la pièce la plus authentique que nous ayons sur la journée de Fontenoy.

D'après le rang que cet historien tenait dans l'une des armées belligérantes, on ne peut douter qu'il n'ait été parfaitement instruit des événements, et le seul reproche que nous ayons à lui faire est de nous les avoir racontés avec trop peu de détails.

En 814, Louis le Débonnaire, fils de Charlemagne, succède à son père et est couronné empereur à Aix-la-Chapelle (1).

Ce prince avait à cette époque trois fils de l'impératrice Hermengarde qui se trouvaient eux-mêmes en âge de gouverner ; aussi, leur père, autant pour se décharger d'une partie du poids de l'administration que pour maintenir par la présence de ses enfants les provinces trop éloignées du centre de l'empire, confère à Lothaire, l'aîné des trois princes, le gouvernement de l'Italie ; à Pepin, le cadet, celui de l'Aquitaine et à Louis, le troisième, celui de la Bavière et du pays des Allemands. L'empereur les plaçait là comme ses lieutenants chargés de l'exécution de ses ordres.

Cette mesure qui semblait devoir contribuer à la sûreté et à la tranquillité de l'empire devint bientôt un germe de trouble et de guerre civile qui en entraîna la dissolution. L'ambition des jeunes princes et de leurs courtisans les porta à solliciter de leur père l'érection en royaumes des provinces dont il leur avait confié le gouvernement, Lothaire porta ses prétentions plus loin et demanda à

---

(1) Son père, l'année précédente, sentant sa fin approcher et voulant l'installer de son vivant sur le trône, l'avait associé à l'empire et l'avait fait reconnaître, pour son successeur, dans une assemblée générale tenue à Aix-la-Chapelle.

son père de l'associer à l'empire, à l'exemple de son aïeul. Louis, trop faible devant les volontés de ses enfants, cède à leurs pressantes sollicitations, et, dans une assemblée générale tenue à Aix-la-Chapelle, en 817, il fait couronner Lothaire empereur, l'associe au gouvernement, ordonne que son nom sera uni au sien dans tous les actes publics et lui confère en toute souveraineté le royaume d'Italie. Il fait également couronner Pepin, roi d'Aquitaine et Louis, roi de Bavière. Ces royaumes restèrent seulement attachés à l'empire par droit de suzeraineté.

En 819, l'impératrice Hermengarde étant morte, Louis épouse en secondes noces Judith, princesse de Bavière, femme qui, à tous les charmes de la jeunesse, de la beauté et de l'esprit, joignait un caractère résolu et une ambition sans bornes. L'année qui suivit ce mariage, Judith accoucha d'un fils, qui fut nommé Charles, et que Lothaire tint sur les fonts de baptême.

Les trois fils régnaient paisiblement, chacun dans le royaume que leur avait cédé leur père, lorsqu'en 829, les intrigues de Judith pour former un apanage à son fils vinrent jeter la discorde entre le père et les enfants et plonger l'empire dans tous les malheurs de la guerre civile. Louis, faible de caractère et séduit par les sollicitations de l'impératrice, propose à ses trois fils aînés de démembrer une partie de leurs états, pour faire un apanage à leur jeune frère, attendu que les provinces que l'empereur s'était réservées suffisaient à peine aux dépenses et à l'éclat du gouvernement impérial. Les trois princes, liés par un même intérêt, se refusent formellement au désir de leur père, et par un traité de garantie réciproque se mettent en mesure de résister à ce que l'on voudrait exiger d'eux par la force.

Judith, trop politique pour ne pas sentir que l'accord des trois frères était le seul obstacle à ses projets, emploie tous les moyens que la prépondérance qu'elle avait prise dans le gouvernement peut lui donner, pour parvenir à rompre cette coalition des fils contre le père, et connaissant le caractère altier et ambitieux de Lothaire, qu'elle regardait comme le plus dangereux de ses adversaires, elle parvint à force de caresses, de soumissions et de promesses, à le gagner et à le décider à condescendre aux volontés de l'empereur. Pepin et Louis, par cette défection, furent obligés de céder et dans une assemblée générale tenue à Worms, le jeune Charles fut couronné roi, et on lui assigna, pour apanage, le pays des Allemands (1), la Rhétie et la Bourgogne transjurane. Lothaire, comme parrain du jeune prince, le prit sous sa protection immédiate et jura de défendre ses droits envers et contre tous.

En 830, Pepin et Louis, dit le Germanique, mécontents d'avoir été forcés de démembrer leurs domaines pour le fils de Judith, lèvent l'étendard de la révolte et entrent en armes sur les terres de l'empire sous le prétexte spécieux que leur père, au détriment de affaires de l'Etat, se laissait gouverner par l'impératrice et par son ministre Bernard de Barcelonne; et pour rendre Judith plus odieuse ils l'accusent d'un commerce adultère avec Bernard et se portent comme défenseur de l'honneur de leur père. Le roi d'Aquitaine passe la Loire et entre en Neustrie. Il bat les troupes impériales et fait prisonnière Judith qui s'était réfugiée dans l'église Notre-Dame de Laon. Lothaire, gagné par ses

---

(1) Le pays des Allemands se composait de la partie de la Germanie qui s'étend depuis le Mein jusqu'aux Alpes.

frères et croyant pouvoir tirer parti des chances de la guerre, pour s'asseoir plus tôt sur le trône impérial, prend également les armes contre son père. Ce prince malheureux attaqué par des fils rebelles, abandonné d'une partie de ses troupes, est arrêté dans son palais de Compiègne avec son jeune fils Charles, gardé à vue et séparé de tous ceux qui lui étaient restés fidèles.

L'impératrice est jugée, condamnée à prendre le voile et renfermée dans le monastère de Ste.-Radegonde de Poitiers. Lothaire prend en main les rênes du gouvernement et veut forcer son père à se faire moine, mais celui-ci s'y refuse et demande du temps. Les mauvais procédés des fils de Louis soulèvent contre eux une partie des grands de l'empire; une ligue puissante se forme en faveur d'un père outragé et, dans une diète assemblée à Nimègue, on force les princes à rendre la liberté à leur père et à rentrer dans le devoir et la subordination. Louis, rétabli sur le trône impérial par l'attachement de ses sujets crut devoir pardonner à ses fils leur rébellion, et leur laissa les royaumes qu'il leur avait donnés, se réservant seulement d'en disposer à sa volonté s'ils mouraient avant lui. Cependant, regardant Lothaire comme plus coupable que ses frères, vu la faveur qu'il lui avait faite de l'associer à l'empire, il le déclare déchu des droits que cette association lui conférait, fait supprimer son nom des actes publics et veut qu'il ne soit plus reconnu que comme roi d'Italie. L'impératrice est mise en liberté; elle offre de subir l'épreuve par le feu pour se laver des crimes qu'on lui imputait: mais nul accusateur ne s'étant présenté, elle est déclarée innocente dans un concile réuni à Aix-la-Chapelle.

En 832, les fils de Louis se révoltent de nouveau contre

lui ; ce prince emploie la force des armes pour les faire rentrer dans le devoir.

En 833, Pepin ayant encore pris les armes, son père courroucé de son insubordination le déclare déchu du royaume d'Aquitaine et réunit ses états aux provinces qui composaient l'apanage de son jeune fils Charles, dit le Chauve; cette sévérité de l'empereur envers Pepin, et sa trop grande tendance à favoriser le fils de Judith, provoquent les trois princes du premier lit à se liguer de nouveau contre lui et à se garantir réciproquement l'intégrité de leurs états. Ils lèvent des troupes et, concertant tous leurs efforts, ils viennent camper dans la plaine de Ratfeld, entre Bâle et Strasbourg, dans un endroit qui depuis fut appelé le *champ du mensonge*. Là les trois princes alliés convoquent une assemblée générale de seigneurs et évêques de leur parti pour juger de leurs différends avec leur père. Le pape Grégoire IV, gagné par les jeunes princes et les évêques, se rend en personne à cette diète et en prend la présidence.

Louis, outré de la conduite séditieuse de ses fils, et jugeant, à la tournure que prenaient les choses, que la force seule pourrait faire prévaloir ses droits, rassemble ses troupes et marche en hâte sur Ratfeld. Les armées étaient en présence lorsque le pape, sous prétexte de réconcilier le père avec les enfants, se rend au camp de l'empereur et là, par des manœuvres indignes du rôle qu'il annonçait devoir remplir, il aide à débaucher les troupes de Louis. Le malheureux prince, bientôt abandonné de la majeure partie des siens, est arrêté dans son camp avec l'impératrice, son fils et tous ceux qui lui étaient restés fidèles. Il est conduit à Soissons, et là, dans l'église du monastère de St.-Médard, en présence de ses enfants, des évêques et des abbés convoqués, des grands de l'empire et d'un peuple nombreux, le fils de Charlemagne est amené comme un criminel tenant à la main un parchemin où sont tracés les crimes qu'on lui impute : il est obligé d'en faire lecture à genoux devant un crucifix et de s'accuser à haute voix d'avoir mal usé du pouvoir que Dieu lui avait confié, d'avoir fait marcher ses troupes en carême, d'avoir scandalisé l'Eglise par son indocilité aux monitions des évêques (1) et d'être l'unique cause des guerres et des désordres qui depuis plusieurs années désolaient l'empire. Après cette confession publique, Louis est solennellement déclaré déchu du trône, on le dépouille de ses insignes impériaux, on lui ôte son épée et son baudrier, on le revet d'un cilice et on le chasse de l'église en le frappant avec le bâton de la croix suivant l'usage de ce temps, puis on le renferme dans une cellule de moine pour y finir ses jours dans la prière et la pénitence.

L'impératrice est livrée à Louis de Bavière, qui l'envoie à Tortonne en Lombardie, pour être renfermée dans un couvent, et son fils Charles est relégué à l'abbaye de *Prum*, dans la forêt des Ardennes.

Lothaire est proclamé empereur et conserve son royaume d'Italie; Pepin est réintégré dans ses états, et l'on réunit au royaume d'Aquitaine les provinces qui en avaient été distraites pour former l'apanage du fils de Judith ; Louis de Bavière rentre en possession du pays des Allemands, dont

---

(1) Le plus grand crime de Louis était d'avoir voulu réformer le corps épiscopal.

on l'avait également forcé de se dépouiller en faveur de Charles. Ces princes se jurèrent ensuite réciproquement la garantie de leurs nouveaux états.

Mais l'ambition de ces fils si ingrats et si durs envers le meilleur des pères, les porta bientôt à rompre des traités appuyés sur des bases aussi injustes que criminelles. Louis de Bavière, choqué des prétentions hautaines de Lothaire comme empereur, s'associe avec Pepin pour lui faire la guerre. Sous prétexte des violences dont il usait envers leur père, qu'il avait fait transporter à Aix-la-Chapelle, où il le tenait étroitement renfermé dans une cellule ne le laissant communiquer qu'avec ceux qui étaient chargés de l'exhorter à se faire moine, (lesquels sous prétexte d'abstinence lui refusaient les choses les plus nécessaires à la vie), ils entrent à main armée dans ses états, séduisent une partie de ses troupes et le menacent jusque dans sa capitale. Lothaire, craignant de ne pouvoir résister à ses frères, emmène son prisonnier à Compiègne et y fait venir le jeune Charles pour le soustraire à ceux qui cherchaient à le mettre en liberté. Mais bientôt à l'approche des armées ennemies il est obligé lui-même de s'enfuir avec un petit nombre des siens, et d'abandonner ses prisonniers. Il se rend par la Bourgogne à Vienne en Dauphiné, où il avait réuni les troupes de son royaume d'Italie.

Louis est rétabli sur le trône impérial dans une assemblée des évêques et des grands de l'empire tenue à Saint-Denys, où est cassé l'acte de déposition prononcé par le parlement de Compiègne qui est déclaré un conciliabule inique et factieux. Lothaire déchu de tous ses droits à l'empire est sommé de rentrer sous l'obéissance paternelle sous peine d'être traité comme coupable et rebelle ;

son nom est effacé encore une fois des actes publics et il est réduit au simple titre de roi d'Italie dont la bonté de son père veut bien lui conserver la possession. Pepin et Louis sont également confirmés dans la souveraineté des royaumes d'Aquitaine et de Bavière. L'impératrice est rappelée et Charles rétabli dans tous ses droits sur l'Etat qui lui avait été attribué précédemment.

Lothaire, malgré les sollicitations paternelles de l'empereur, persiste encore dans sa rébellion, il s'empare même d'une partie de la Bourgogne ; mais contraint de céder à des forces supérieures il prend enfin le parti de recourir à la clémence de Louis-le-Débonnaire qui veut bien lui pardonner, et la paix est rendue à l'empire.

En 836, Louis, voyant que par suite des guerres qu'avaient fait naître les révoltes continuelles de ses enfants, ses premières dispositions de partage avaient été tellement changées qu'il devenait indispensable d'en faire de nouvelles et de régler d'une manière légale les droits de chacun de ses quatres fils, réunit au château de *Kiersy-sur-Oise*, une assemblée générale dans laquelle il est procédé au partage définitif de l'empire.

D'après ce nouveau traité, Lothaire conserve le royaume d'Italie tel qu'il avait été formé dans le principe, Pepin reçoit l'Aquitaine et une partie de la Provence d'aujourd'hui; Louis a la Bavière, l'Autriche, la Bohême, la Hongrie, la Corinthie, l'Esclavonie, la Franconie, la Saxe, la Frise et la Thuringe, Charles obtient la Neustrie qui s'était formée du pays compris entre la Seine, la Loire et l'Océan, les territoires des cités d'Auxerre, de Bar et de Toul, et le pays des Allemands, composé de la partie de la Germanie qui s'étend depuis le Mein jusqu'aux Alpes.

Ce partage fut notifié aux différents princes et les grands de l'empire jurèrent d'en maintenir l'exécution.

En 838, Pepin meurt à Bordeaux, et son père, d'après le droit qu'il s'était réservé de disposer des états de ses enfants s'ils mouraient avant lui, déclare, sur les sollicitations de Judith, le royaume d'Aquitaine réuni de nouveau à l'empire. Il en dispose peu à près en faveur de Charles et l'ajoute aux états qu'il lui avait déjà assignés dans le dernier partage. Le fils aîné de Pepin, soutenu par une partie de la noblesse d'Aquitaine, proteste contre les volontés de l'empereur, se fait déclarer roi à la place de son père et lève des troupes pour soutenir ses prétentions par la force des armes. Louis de Bavière, déjà mécontent du partage de Kiersy, et qui refusait de remettre le pays des Allemands qui devait faire partie des états de Charles, prend fait et cause pour son neveu et fait des représentations à son père sur la prédilection trop marquée qu'il portait au fils de Judith. L'empereur, craignant que Lothaire ne profitât de la circonstance pour se liguer avec son frère et son neveu, s'empressa de le gagner par des propositions si avantageuses, que ce prince ambitieux ne put s'y refuser. Il fut décidé entre eux que Lothaire se joindrait à lui pour soumettre l'Aquitaine et faire la guerre à Louis. celui-ci, pour sa rébellion serait réduit à la seule Bavière, et le reste de ses états devait être donné à Lothaire pour l'indemniser des frais que lui occasionnerait l'expédition.

D'après cet accord, en 839, Louis porte la guerre en Aquitaine de concert avec Lothaire et soumet la majeure partie de cette province; il ne restait plus à Pepin qu'une poignée de soldats et quelques places lorsque l'empereur, prévenu que le roi de Bavière avait envahi les provinces voisines du Rhin pour faire diversion à la guerre d'Aquitaine, se hâte de quitter ce pays où il laisse seulement quelques corps de troupes pour tenir tête aux révoltés.

Arrivé sur les bords du Rhin, Louis force les armées du roi de Bavière d'abandonner les provinces dont elles s'étaient emparées, et contraint bientôt son fils d'implorer sa clémence et de se soumettre à tout ce qu'il veut exiger pour le punir de sa rébellion continuelle.

Les fatigues et le chagrin que ces guerres civiles causèrent à l'empereur, lui occasionnèrent une maladie de langueur qui menaçait de mettre fin à son existence. Ce prince craignant que s'il venait à mourir sans avoir de nouveau réglé d'une manière solennelle les intérêts de chacun de ses fils, l'ambition des deux aînés ne les portât à dépouiller le plus jeune et ne plongeât encore l'empire dans tous les malheurs de la guerre civile, réunit à Worms une assemblée générale où il fit un dernier partage de l'empire entre ses trois enfants; et exigea par serment des princes, des seigneurs et évêques présents, qu'à sa mort il ne serait apporté aucun changement à ce qui venait d'être arrêté et qu'on regarderait comme sacrées et inviolables les dernières dispositions qu'il venait de prendre. A peine cette assemblée était-elle dissoute que l'empereur, dont la maladie empirait de jour en jour, meurt dans une île du Rhin, proche Mayence, où il s'était fait transporter : Louis le Débonnaire était alors âgé de 72 ans; il en avait régné 27. D'après ses intentions son corps fut conduit à Metz et enterré dans l'église Saint-Arnoul. Ce prince avait de bonnes qualités qui eussent dû rendre son règne plus heureux sans sa trop grande faiblesse pour ses enfants; il était libéral, bienfaisant, ami de la justice; il avait des connaissances en littérature et passait pour savant en astronomie; à la guerre il montra beaucoup de bravoure, mais il fut trop faible en administration : sans aucune force de caractère, il ne sut prendre aucun ascendant sur ceux qui l'entouraient ; l'ambition des ses enfants et de sa dernière épouse, sa dévotion poussée à l'excès, furent une source de malheurs pour lui et pour l'Etat et amenèrent à sa mort la dissolution du puissant empire de Charlemagne.

II

A la mort de Louis-le-Débonnaire, l'ambition de ses fils ne pouvait tarder à rallumer les torches de la discorde. Lothaire n'eut pas plutôt été informé que son père venait de rendre le dernier soupir, que dans l'intention de lui succéder comme empereur, il part de l'Italie à la tête de ses troupes et fait signifier à ses frères qu'ils aient à le reconnaître comme chef de l'empire, et à lui prêter foi et hommage pour leurs royaumes. Ceux-ci s'y refusèrent attendu qu'après sa première rébellion, il avait été dépouillé de tous les droits que son père lui avait concédés en l'associant à l'empire et que par le dernier partage chacun avait été déclaré prince souverain et indépendant: qu'ayant lui-même accédé à ce partage et en ayant juré par serment la stricte exécution, il n'était nullement en droit de réclamer les prérogatives de chef de l'empire puisque par cet acte l'empire n'existait plus et avait été divisé en trois royaumes distincts.

(1) **Voyez Nithard, lib. 2.** — **Annal. Bertin. et Fuld.**

Lothaire ne répondit aux représentations de ses frères que par des voies de faits et entra à main armée dans les états du roi de Bavière ; mais Louis qui s'attendait à cette agression, marche à sa rencontre avec ses troupes victorieuses des Saxons et se présente à lui dans une attitude si imposante que Lothaire hésite à l'attaquer : croyant qu'il valait mieux traiter à l'amiable avec lui que de tenter la voie des armes, il lui propose une entrevue où, après de longs débats, il est arrêté entre eux que leurs intérêts réciproques seront décidés dans une assemblée générale qui sera réunie au mois de mai suivant, que jusqu'à cette époque il y aura suspension d'armes entre les deux partis, et que les hostilités ne pourront être reprises sans en prévenir d'avance. Ces princes avaient l'un et l'autre des vues intéressées à faire cet accord : Lothaire espérait surprendre le jeune Charles dont les armées étaient occupées en Aquitaine contre le fils de Pepin, et Louis comptait profiter de ce temps pour achever de soumettre la Saxe et une partie de la Germanie septentrionale. Les deux frères après s'être juré réciproquement d'éxécuter le traité qu'ils venaient de conclure se séparent : Louis marche contre la Saxe et Lothaire contre la Neustrie où il entre le fer et la flamme à la main, et secondé par la défection de quelques seigneurs qu'il avait détachés du parti du roi de France, il obtient de grands succès et s'empare d'une partie de cette province. Charles pris à l'improviste se hâte de rappeler ses troupes de l'Aquitaine et ayant réuni toutes ses forces à Orléans, il marche à la rencontre de son frère pour lui livrer bataille. Mais Lothaire préférant encore employer encore la voie des négociations que de tenter le sort des combats, lui propose le même arrangement dont il était convenu avec Louis, seulement il exige que la partie de la Neustrie dont il vient de s'emparer lui restera pour garantie jusqu'à ce que l'assemblée générale qui sera convoquée, dans le mois de mai, au château d'Attigny-sur-Aisne, ait réglé d'une manière légale leurs intérêts réciproques. Charles, pour éviter à ses sujets les malheurs de la guerre, et persuadé de la bonté de sa cause, accède aux propositions de son frère; une suspension d'armes est jurée entre eux, et il est convenu qu'ils se rendront l'un et l'autre à la diète d'Attigny, où Louis avait également promis de se trouver.

Lothaire, qui n'avait voulu que gagner du temps et amuser ses frères pendant qu'il prendrait ses mesures pour assurer la réussite de ses desseins, s'occupe à grossir son armée et à séduire les seigneurs attachés au parti de Charles et de Louis, se proposant, dès le moment même où il serait en mesure, de les attaquer de nouveau l'un après l'autre, et de les contraindre par la force des armes à le reconnaître pour empereur, et à lui prêter foi et hommage pour les royaumes qu'ils conserveraient. D'après cette détermination il emploie tout l'hiver à augmenter ses forces, et dans les premiers beaux jours du printemps de l'année 841, au lieu de se rendre à la diète d'Attigny, ainsi qu'il en était convenu, il entre à main armée dans les états de Louis de Bavière et s'empare des provinces voisines du Rhin, dont il avait détaché plusieurs des seigneurs du parti de son frère. Louis accourt à la défense de ses états, bat les seigneurs révoltés et force Lothaire à se retirer honteusement.

Après cette conduite déloyale, Charles et Louis ne pouvant plus se dissimuler les projets hostiles et ambitieux de leur frère aîné, prennent le parti de se liguer contre lui et conviennent de réunir leurs forces pour lui faire la guerre et le contraindre à renoncer à ses prétentions. Ils font entre eux une ligue offensive et défensive et rassemblent leurs armées sur les frontières de la Lorraine, pour obliger Lothaire à évacuer la partie de la Neustrie dont il s'était emparé.

Lothaire, informé du traité d'alliance que venaient de faire ses frères et craignant de ne pouvoir dorénavant soutenir seul la lutte avec avantage, crut devoir, de son côté, s'appuyer sur les forces que le jeune Pepin avait en Aquitaine ; il député en conséquence vers lui des officiers de confiance pour lui proposer de joindre ses armes aux siennes, lui offrant à ce prix de lui garantir la possession de son royaume. Ce jeune prince ne pouvait qu'accueillir de pareilles propositions: aussi, d'après les conseils de son oncle, il se mit de suite en mouvement avec son armée pour se rapprocher de la Loire où Lothaire devait venir le rejoindre. Effectivement celui-ci, ayant pris ses précautions pour dérober ses premiers mouvements à ses frères, quitte la Neustrie, traverse la Champagne à marches forcées et se dirige sur Auxerre où il passe la rivière d'Yonne et campe près de cette ville pour y attendre Pepin qui devait franchir la Loire à Gien ou à La Charité et traverser la Puisaye pour venir le rejoindre. Mais Charles-le-Chauve et Louis-le-Germanique ayant deviné l'intention de leur frère dès ses premiers mouvements, et sentant combien il leur importait de prévenir cette jonction, s'étaient mis aussitôt à sa poursuite et les deux armées ennemies, après s'être suivies de près dans une partie de la Champagne, se rencontrèrent inopinément en vue de la ville d'Auxerre, le 21 du mois de juin, ainsi que nous l'apprend Nithard.

« *Cumque atque insperante propter urbem Alciodorensem*
» *uterque exercitus alter ab altero videretur, confertim Lotha-*
» *rius verens ne forte fratres sui absque dilatione supra se*
» *irruere vellent, armatus castra aliquantulum excessit.* » (1).

Lothaire à la vue de l'armée de ses frères qu'il ne croyait pas aussi proche, persistant dans la résolution de ne pas combattre avant qu'il n'eût opéré sa jonction avec Pepin qu'il savait n'être plus qu'à peu de distance de lui, lève le camp en armes et, par une marche en bataille en arrière, se porte du côté de la Loire en se jetant dans le pays de Bocage qui est à l'occident d'Auxerre, afin de ne pas être forcé à combattre dans un pays de difficile accès et où les armées ennemies, dont la principale force était en cavalerie, ne pouvaient s'étendre et lui couper chemin. Mais Charles et Louis, prévenant son projet, se mettent aussitôt à sa poursuite avec leurs troupes légères et laissent le gros de l'armée se réunir dans les environs d'Auxerre.

Lothaire n'était encore qu'à peu de distance de cette ville lorsqu'il fut atteint par l'avant-garde des armées alliées. Craignant de voir entamer une affaire qui eut pû arrêter son mouvement et le forcer à livrer bataille dans le lieu désavantageux où il se trouvait, il crut devoir employer les voies de la négociation pour arrêter ses frères.

Il leur fit proposer une suspension d'armes pour la nuit, donnant à entendre qu'il était résolu à traiter à l'amiable plutôt que de recourir aux armes, et que dès le lendemain on ouvrirait des négociations pour discuter leurs intérêts réciproques.

(1) Nith, lib. 3.

« *Quod quidem fratres sui facere illum cognoverunt, quos-
» dam castrametentes reliquent, quosdam secum armatos as-
» sumunt et absque dilatione obviam procedunt, missos invicem
» mittunt, pacemque sub nocte componunt.* »

En ce moment, selon Nithard, les deux armées se trouvaient déjà à trois lieues de distance l'une de l'autre, c'est-à-dire que celle de Lothaire s'était déjà éloignée de trois lieues d'Auxerre, où était resté le gros de l'armée de ses frères. Des bois, des marécages qui s'étendaient entre elles deux, rendaient déjà leur approche très-difficile :

« *Castra autem ab invicem distabant plus minus leuvas tres,
» et inter erat paucula palus saltusque : ac per hoc erat utri-
» que ad alterum difficilis accessus.* »

Lothaire, qui ne cherchait qu'à gagner du temps pour s'éloigner des armées ennemies et trouver une position où elles ne pussent le forcer à combattre, profite de la nuit pour faire filer le gros de ses troupes dans l'intérieur du pays, et le lendemain, au lever de l'aurore, jugeant que ce mouvement était exécuté, il congédie les envoyés de ses frères et continue sa marche avec son arrière-garde. Ayant enfin réuni toute son armée, il établit son camp dans un endroit que Nithard désigne sous le nom de *Fontanetum*.

« *Et ut legati regressi sunt, protinus obviam iter arripit ad
» locum quo castra poneret Fontanetum petit.* » (1)

Charles et Louis voyant que Lothaire les avait amusés uniquement pour gagner du temps et leur échapper, se

---

(1) Dans le manuscrit du Vatican ainsi que dans celui de l'abbaye Saint-Victor on lit *Fontanetum*. Je ne sais pourquoi dans l'édition des Historiens de France par Duchêne, on a imprimé *Fontancum*. Nos anciens chroniqueurs ont aussi diversement écrit ce nom : *Fontanetum, Fontanitum, Fontenetum* et *Fontaniticum*.

hâtent de mettre toutes leurs armées en mouvement et le même jour, ils gagnent les devants par une marche forcée et viennent camper au bourg de *Tauriacus*.

« *Eadem autem die fratres sui post Lotharium iter accele-*
» *rantes antecesserunt illum, et prope vicum quod Tauriacus*
» *dicitur castra posuerunt.* »

Ayant conduit les deux armées en présence et pour ainsi dire sur le champ de bataille, je crois devoir donner quelques éclaircissements sur la position de leurs campements avant de passer à la description du combat.

Lothaire, voulant échapper à ses frères dont les armées avaient atteint la sienne près de la ville d'Auxerre, et désirant se rapprocher de la Loire par où Pepin devait arriver d'Aquitaine, lève le camp en hâte et prend route à travers un pays boisé et coupé de ruisseaux et de marais, afin d'éviter par la difficulté des lieux d'être forcé à combattre jusqu'à ce qu'il eût reçu les renforts que Pepin lui amenait.

A trois lieues d'Auxerre il est atteint par les troupes légères de ses frères, et jugeant par cette célérité à le poursuivre que leur intention était de l'arrêter dans sa marche et de le forcer à combattre, il croit devoir user de dissimulation avec eux, et, sous prétexte qu'il voulait terminer à l'amiable leur différend plutôt que de tirer l'épée, il fait demander à ses frères une suspension d'armes pour cette nuit-là, promettant le lendemain d'entamer des négociations pour une paix définitive. Charles et Louis, ne soupçonnant pas la ruse, envoient au camp de Lothaire des députés pour traiter des premières bases des négociations et suspendent toute espèce d'hostilités.

D'après la description des lieux donnée par Nithard et

par l'intention où était Lothaire de s'enfoncer dans un pays boisé et de difficile accès, de manière cependant à se rapprocher de la Loire, on voit qu'il n'a pu diriger sa marche que par la vallée d'Eglény, et il est à présumer qu'il était à la hauteur de Pourrein lorsque son arrière-garde fut atteinte par les troupes légères de ses frères. C'est la seule route directe pour se rendre d'Auxerre à la Loire par le pays boisé. A la vérité il en existait une autre, beaucoup plus fréquentée alors, qui conduisait d'Auxerre à la Loire en passant par Ouanne, Sougères, Entrains et Mèves, lieu qui à cette époque était le passage le plus ordinaire de cette rivière surtout pour se rendre de Neustrie en Aquitaine (1). Mais cette route tenant un pays élevé et découvert ne convenait pas à Lothaire qui était dans l'intention de se soustraire à la poursuite de ses frères, aussi préféra-t-il s'enfoncer dans le pays de Bocage où la difficulté des lieux lui garantissait la sûreté de ses campements et le mettait à l'abri de toute tentative hostile de leur part.

Lorsque les troupes légères de Charles et de Louis atteignirent l'arrière-garde de Lothaire, il paraît, d'après la description des lieux donnée par Nithard, et la distance où il les place, que ces deux corps de troupes se trouvaient dans les environs de Pourrein. Les marais et les bois dont il parle, et qui alors séparaient l'armée de Lothaire de celles de ses

_____

(1) Cette route est une ancienne voie romaine sur laquelle j'ai écrit un mémoire particulier; elle servait à faire communiquer les provinces d'outre-Loire avec l'Auxerrois, la Champagne et la Neustrie. Le travail des Romains est encore conservé sur presque toute la longueur de cette route qui, dans plusieurs endroits, est encore élevée en chaussée au-dessus du sol et porte dans le pays le nom de chemin de César.

frères restées sous Auxerre, étaient ceux qui encore aujourd'hui occupent le centre des vallées de Beauche et d'Aillant. Ces vallées, entre Escamps, Diges et Pourrein, sont coupées par plusieurs ruisseaux marécageux et qui forment les étangs de Saint-Thibaut. Ce pays, par sa situation, est d'un assez difficile accès pour une armée. J'engage le lecteur à jeter un coup-d'œil sur la carte jointe à ce mémoire qui représente les environs d'Auxerre, pour y suivre les détails que je donne et se convaincre que Nithard a voulu désigner ces lieux en disant :

« *Inter erat paucula palus saltusque: ac per hoc erat utrique*
» *ad alterum difficilis accessus.* »

La distance de Pourrein à Auxerre est aussi celle donnée par Nithard comme séparant les deux armées. Ce qui indique que le gros des troupes françaises et bavaroises étant fatigué de la marche de la journée, était resté près d'Auxerre.

Quant à la position de *Fontanetum*, je crois d'après toutes les observations que je vais déduire qu'elle doit être celle de Fontaines, petit bourg de l'Auxerrois (1), situé au centre d'un plateau de montagnes très-élevé et dominant le pays à 5 à 6 lieues à la ronde ; ce bourg est à 7 lieues d'Auxerre, trois de Pourrein, deux de Thury et à une lieue et demie de Saint-Sauveur. Le plateau de Fontaines est un

---

(1) On appelle aujourd'hui Puisaye la partie méridionale de l'Auxerrois comprise entre le Gâtinais et le Nivernais; mais dans le fait la Puisaye a eu anciennement une bien plus grande étendue : c'est un pays montueux, boisé, couvert de marais et de difficile accès. J'ai écrit un mémoire particulier sur les antiquités de ce petit pays qui, sous plus d'un rapport, mérite de fixer l'attention de l'historien.

des contreforts les plus élevés de la chaîne de montagnes qui séparent le bassin de la Loire de ceux de l'Yonne et de la Seine; il est boisé à sa base, et, dans sa partie occidentale, environné presque de tous côtés de ruisseaux fangeux et de marécages. Ses pentes sont rapides et coupées de ravins qui rendent leur abord difficile. A l'occident ce plateau est séparé des hauteurs boisées de Saint-Sauveur par le *Rudingron*, ruisseau fangeux qui serpente dans des prairies basses et marécageuses impraticables dans toutes les saisons de l'année, surtout pour la cavalerie. Au sud-est le plateau se lie avec la chaîne principale par les hauteurs des *Galambers* (1) et de Soulmé, au nord et à l'est il est bordé par la vallée de Fontenoy où coule un petit ruisseau, lequel, ainsi que le Rudingron va à quelques lieues de là se jeter dans la petite rivière d'Ouanne qui porte leurs eaux dans celle du Loing à Montargis. C'est seulement par les hauteurs des Galambers et de Soulmé, et par la vallée de Fontenoy que le plateau de Fontaines est abordable pour des troupes manœuvrant devant l'ennemi: aussi allons-nous voir que c'est de ce côté que se sont opérés les mouvements des armées combattantes et que c'est dans ces lieux-mêmes que s'est livrée la bataille de Fontenoy. J'engage de nouveau le lecteur à suivre sur la carte la description des lieux et les mouvements des armées.

M. Pasumot, à défaut de connaissances dans l'art stratégique, a fait camper l'armée de Lothaire au bourg de Fon-

---

(1) On donne ce nom dans le pays à la plaine élevée qui joint le plateau de Fontaines à celui de Thury. Ce nom vient du celtique *Galen*, galet, fragment de pierre et de *Bery* montagne, et signifie montagne pierreuse; celle des Galambers l'est effectivement beaucoup.

tenoy qui est situé dans une vallée profonde, entourée de toutes parts de points élevés et de facile approche. Est-il probable que ce prince, qui cherchait à éviter d'être forcé à combattre avant l'arrivée de ses renforts d'Aquitaine, et qui, par conséquent, devait choisir une position forte par sa nature et où il fût difficile de l'aborder, eût été placer son camp dans une plaine basse et unie, dominée par les coteaux de Fontaines, de Soulmé, du Deffend et des Sablons, tandis qu'à deux pas de là il trouvait le plateau de Fontaines, la position la plus stratégique et la plus forte qu'il eût pu désirer? Je ne crois pas qu'un militaire puisse balancer entre ces deux positions, et je suis intimement convaincu que le *Fontanetum* du campement de Lothaire est *Fontaines* et non Fontenoy.

Ayant déterminé le campement de l'une des armées je crois devoir m'occuper de suite de fixer le campement des deux autres pour qu'on puisse se faire une idée de la position des troupes; ce qui facilitera la reconnaissance des lieux où se sont opérés les mouvements qui ont amené le fort de la bataille entre Fontenoy et le Deffend.

Selon Nithard, Charles et Louis, voyant que leur frère les avait amusés devant Pourrein uniquement pour gagner du temps et se rapprocher de la Loire par le pays de Puisaye, se hâtèrent de mettre en marche le gros de leur armée resté sous Auxerre, espérant qu'en suivant la grande route de Mèves ils pourraient arriver avant lui sur la Loire, attendu que Lothaire avait à traverser un pays très-difficile et où il devait trouver de fréquents obstacles: en conséquence ils se dirigèrent sur Ouanne et sur Entrains; mais, arrivés sur les plateaux de Lain et de Thury, ils aperçurent l'armée de Lothaire campée à leur droite sur le plateau de Fontaines ce qui les décida à s'arrêter dans cette position et à établir leur ligne de campement sur les hauteurs mêmes qu'ils occupaient. Le quartier des deux rois fut porté à Thury qui se trouvait un peu à l'arrière mais au centre de la ligne qui s'étendait sur les plateaux de Ouanne, de Lain, du Deffend, de la Forêt et de la Mallerue. De cette manière, les deux armées n'étaient séparées que par les hauteurs de Soulmé et des Galambers et par la vallée de Fontenoy, et à deux lieues de distance l'une de l'autre. Par cette position les armées de Charles et de Louis interceptaient à Lothaire la route de Mèves par où devait venir Pepin et elles se trouvaient de deux lieues plus rapprochées que lui de la Loire, ce qui fait dire à Nithard, que Charles et Louis par leur marche forcée dépassèrent la position de Lothaire.

« *Iter accelerantes antecesserunt illum, et prope vicum* » *quod Tauriacus dicitur castra posuerunt.* »

Cette marche d'Auxerre à Thury est de huit lieues; ce qui d'ailleurs devait faire une forte journée pour une armée aussi nombreuse et déjà harassée de fatigue.

Telle fut la position respective des armées ennemies avant la bataille. Il ne me reste plus qu'à faire connaître les faits qui la précédèrent et y donnèrent lieu.

Charles et Louis, jugeant par la forte position qu'avait prise leur frère que son intention était d'attendre Pepin en cet endroit, et craignant que celui-ci après avoir traversé la Loire entre Gien et Mèves, où ce fleuve est guéable en été, ne vînt par les bois de la Puisaye rejoindre Lothaire en passant par Bléneau, Sept-Fonds et Mézilles, sans qu'ils pussent s'opposer à ce mouvement à cause que le pays était couvert et qu'il était facile de leur dérober cette marche, se décidèrent à attaquer Lothaire dans la position de Fontaines, malgré la difficulté des lieux, avant qu'il y fût rejoint par les troupes d'Aquitaine. En conséquence ils lui envoyèrent signifier qu'il eût sur le champ à se désister de ses prétentions à l'empire ou à se préparer au combat. Mais Lothaire, qui ne cherchait qu'à gagner du temps, crut encore devoir user de ruse dans cette conjoncture : et feignant d'être enfin décidé à terminer leurs différends d'une manière pacifique, il envoya des plénipotentiaires au camp de ses frères pour leur demander une seconde suspension d'armes, assurant que son intention était de décider de leurs intérêts réciproques plutôt par voie de justice que par celle des armes ; ajoutant qu'ils devaient sentir que les grands intérêts qu'ils avaient à régler demandaient un peu de calme et de temps et qu'il espérait que ses frères comprendraient que dans une circontance aussi importante pour lui, il était nécessaire qu'il pût réunir son conseil pour prendre son avis et qu'ainsi ils ne pourraient se refuser à la justice de sa demande. Charles et Louis se laissèrent persuader par l'apparence de loyauté et de bonne volonté de leur frère, et le 23 juin une nouvelle trêve fut solennellement jurée par les députés des trois princes.

Pendant cette négociation, Pepin, prévenu par Lothaire de la position qu'occupait l'armée de ses oncles, sur la route de *Méves* à Auxerre, se décide à passer la Loire à Gien entre Bonny et Briare, et malgré la difficulté des chemins se dirige sur Fontaines par les pays boisés de *Bléneau*, *Sept-Fonds* et *Mézilles*, et arrive au camp de Lothaire dans la journée du 24 juin.

Lothaire, après cette jonction, se voyant en force pour

lutter contre ses frères, et n'ayant plus d'ailleurs d'autres renforts à attendre, lève le masque et envoie un hérault d'armes au camp de ses frères pour leur signifier qu'ils eussent sur le champ à le reconnaître pour leur empereur ou à se préparer à appeler de leurs droits au jugement de Dieu, les laissant maîtres de fixer l'heure et le lieu du combat.

Charles et Louis, voyant que leur loyauté avait été trompée pour la seconde fois, et qu'il ne leur restait d'autre parti que de défendre leurs droits par l'épée, acceptent le cartel et fixent le combat pour le lendemain 25 à la deuxième heure du jour.

Je cède ici la place à Nithard pour le récit de la bataille, me réservant dans la traduction de discuter et d'éclaircir les points qui pourraient offrir quelques difficultés soit à cause du laconisme de l'auteur, soit par le peu de soins qu'il a pris de nous décrire les lieux.

« *His ita omissis dilucolo Ludovicus et Karolus consurgunt verticem montis castra Lotharii contigui cum tertia ut videretur exercitus parte occupant, adventumque ejus et horam secundam ut sui juraverant expectant. Cumque utrumque adesset, prælium super rivulum Burgondionum, magno certamine, committunt, et Ludovicus quidem ac Lotharius in loco qui Brittas dicitur strenue confligunt, quo superatus Lotharius, terga vertit. Pars autem exercitus quam Karolus in loco qui Fagit vulgo dicitur, excepit, protinus fugit: pars vero quæ in Solemnat Adhelardum ceterosque quibus haud modicum suplementum, domino auxiliante, præbui, appetit, strenue conflixit, quo et utrique vicerunt sed novissime omnes a parte Lotharii fugerunt.* »

Nithard, *Dieu aidant*, eut bien dû, pendant qu'il était à

même, nous donner des détails plus précis sur le lieu où s'est passée cette scène de carnage qui coûta plus de cent mille hommes aux deux partis. Quant à moi, suppléant au laconisme de cet historien, je crois voir dans son récit que le 25 juin au matin, Charles et Louis sortirent de leur camp et étendirent leur ligne de bataille sur les plateaux de Lain, du Deffend et des Gallons : par là ils couvraient la position de leur camp et se trouvaient en face de l'armée de Lothaire dont ils n'étaient séparés que par la vallée de Fontenoy. Après avoir disposé leurs troupes, Charles et Louis, jugeant bien que l'affaire allait avoir lieu dans la vallée de Fontenoy, se portèrent de l'avant de leur ligne par le centre pour occuper les hauteurs des Galambers et de Soulmé, ainsi que les bois de Briottes qui dominaient l'entrée de la vallée du côté par où Lothaire pouvait marcher à eux, et, par cette manœuvre, comme l'observe Nithard, ils se trouvèrent dans une position inférieure à celle de leur frère, le plateau de Fontaines dominant de beaucoup ceux de Soulmé et des Galambers qui en sont le prolongement (1).

Lothaire, voyant le mouvement de l'armée ennemie pour s'emparer des hauteurs qui bordent la plaine de Fontenoy, quitte son campement de Fontaines pour ne pas être le dernier à arriver sur le champ du combat et vient prendre

---

(1) Il est aisé de voir ici, d'après le récit de Nithard, que le campement de Lothaire ne fut pas à Fontenoy comme l'a cru M. Pasumot, car, dans ce cas, Charles et Louis, en occupant la hauteur de Soulmé, loin d'être au-dessous de la position de Lothaire, l'auraient dominée : Fontenoy étant au fond de la plaine qui est bordée au levant par le côteau de Soulmé.

position sur les hauteurs du Tremblay, des Merles et des Gauchers, en face des postes avancés de l'armée de ses frères. La petite vallée de Fontenoy séparait les deux armées et ne leur laissait que l'espace nécessaire pour ménager une charge. L'heure du combat étant arrivée, elles s'avancèrent et en vinrent aux mains. Alors un carnage affreux eut lieu dans la plaine de Fontenoy. Lothaire et Louis, dit Nithard, combattirent avec acharnement dans un lieu qu'il nomme *Britas* qui doit être le bois de Briottes, lequel borde le coteau de Soulmé du côté de la vallée de Coulon et Fontenoy. Les Français, y ayant eu l'avantage sur les Italiens de Lothaire, les rejetèrent dans la plaine, et alors, selon Nithard, une grande boucherie eut lieu sur le ruisseau qui traverse cette plaine, auquel cet historien ne donne d'autre nom que celui de *rivolum Burgundionum*, le ruisseau des Bourguignons : dans le fait, il serait fort difficile, encore aujourd'hui, de lui assigner un nom, car il n'est désigné dans le pays que sous celui de *ru de Fontenoy*. C'est sur les bords de ce ruisseau, dans un lieu que Nithard nomme *Fagit*, que Charles, à la tête de la cavalerie française, décida du sort de la bataille en enfonçant la ligne ennemie. Je n'ai pu retrouver sur les lieux de nom qui se rapportât à celui de Fagit, c'était peut-être seulement un bois de hêtres qui aura disparu ; toute cette plaine ayant été, depuis quelques siècles, livrée à l'agriculture. Le combat, selon le même historien, se soutint encore quelque temps avec vigueur sur les hauteurs de Soulmé, *Solemnat*, où commandait Adhelard et plusieurs autres chefs principaux de l'armée française, auxquels Nithard, *Dieu aidant*, comme il le dit lui-même, ne fut pas d'un faible secours : enfin l'ennemi y fut également enfoncé,

Lothaire, battu de toutes parts, fut obligé de céder le terrain et fut contraint d'abandonner le champ de bataille et la victoire à ses frères. Il opéra sa retraite en désordre après avoir perdu l'élite de ses guerriers. Si l'on doit s'en rapporter aux historiens contemporains, plus de cent mille hommes restèrent sur le champ de bataille (1).

Tel est l'exposé du fait rapporté par Nithard. Cet historien ajoute qu'après le combat Charles et Louis tinrent conseil sur le champ de bataille et que, satisfaits de la victoire que Dieu venait de leur accorder, et pour épargner le sang humain, ils ne voulurent pas que l'on poursuivît les troupes ennemies, et, que vers l'heure de midi, le combat étant entièrement terminé, les troupes françaises et bavaroises rentrèrent dans leur camp pour y prendre du repos et de la nourriture. Le lendemain, qui était un dimanche, après avoir célébré l'office divin en action de grâces de la victoire que l'on venait de remporter, on enterra les morts. Quant à Lothaire, il opéra sa retraite avec les débris de son armée par la Champagne et l'Austrasie, et se rendit à Aix-la-Chapelle où il s'occupa à réparer ses pertes et à se mettre en mesure contre ce que ses frères pourraient tenter contre lui.

III.

Après avoir donné l'exposé des faits rapportés par

(1) On prétend que c'est par suite de cette sanglante journée où périt une partie de la noblesse de Champagne, que le roi Charles-le-Chauve rendit une ordonnance qui conférait aux femmes de cette province le privilége d'anoblir leur mari, ce qui fut rendu par ce dicton trivial « qu'en Champagne la truie anoblissait le cochon. »

Nithard et répétés, d'après lui, par plusieurs de nos historiens, je vais y joindre des observations particulières tirées de l'inspection des localités et des traditions populaires, lesquelles, sans faire autorité décisive dans une dissertation historique, servent souvent à éclaircir quelques doutes et peuvent quelques fois suppléer au silence des historiens.

Le bourg de Fontaines est, comme je l'ai dit, enclavé dans l'Auxerrois et situé dans la partie de ce pays qui porte le nom de Puisaye; il est à sept lieues d'Auxerre, trois de Pourrein, deux de Thury et à une lieue et demie de Saint-Sauveur. Le plateau, sur le sommet duquel est bâti ce bourg, est l'un des plus élevés de la chaîne de montagnes qui sépare la vallée de l'Yonne de celle du Loing. L'armée la plus nombreuse peut y camper et y être à l'abri de toute attaque de vive force, excepté du côté de la vallée de Fontenoy, où les pentes sont moins rapides et moins coupées de bois, de marécages et de ravins, ainsi que je l'ai indiqué dans la description du campement des armées carlovingiennes.

Je regarde le bourg de Fontaines comme très-ancien, sa situation sur une hauteur semble l'indiquer. On sait, en effet, qu'en général les positions élevées décèlent une origine qui se rapporte au temps où la civilisation était peu avancée et où l'on préférait fixer sa demeure dans des lieux élevés et plus faciles à défendre que de s'exposer à demeurer dans la plaine qui offrait plus de ressources et de commodités pour la vie et l'agriculture, mais qui laissait les habitants plus en butte aux fléaux de la guerre et des courses des ennemis. Je soupçonne que le bourg de Fontenoy a dû son origine à un monastère dépendant de Fontaines qui a porté le nom de *Monasterium Fontanetum*; car nos anciennes chroniques, en parlant de Fontenoy, ne désignent qu'un monastère dépendant du chapitre d'Auxerre, et dont le territoire productif avait été cédé par saint Germain aux moines de son abbaye pour leur subsistance.

Le plateau de Fontaines domine la vallée de Fontenoy et les hauteurs des Galembers et de Soulmé; de sorte que cette position s'adapte au mieux avec le rapport de Nithard qui dit positivement : « avant le combat Charles et Louis prirent position sur une colline dominée par le camp de Lothaire. » Ainsi, nul doute que le *Fontanetum* que Nithard nomme pour son campement n'ait été fort élevé. M. Pasumot a donc eu tort de faire camper ce prince à Fontenoy, qui est situé dans une vallée dominée de toutes parts, et entourée par les hauteurs de Sementron et de Levis, au nord, par celles du Deffand et de Soulmé, au sud-est, et par celle de Fontaines au sud-ouest. Je persiste à penser que la position de Fontaines est celle de *Fontanetum* assignée par Nithard au campement de Lothaire et celle qui a donné son nom à cette bataille.

FONTENOY, petit bourg de Puisaye, est situé au bas des plateaux de Fontaines et de Sementron, dans une vallée fertile en grains et en prairies, où serpente un petit ruisseau qui prend sa source à trois quarts de lieue à l'est de ce bourg, près du village de Sementron et déverse ses eaux dans l'Ouanne, un peu au-dessus de Toucy. Ce ruisseau, encore aujourd'hui, n'a d'autre nom que celui de *ru de Fontenoy*, et doit, selon moi, être le *Rivolum Burgundionum* de Nithard.

Le bourg de Fontenoy est bâti au centre de la vallée, sur le bord du ruisseau, presqu'en face de Levis. La vallée s'étend du sud-est au nord-ouest, et peut avoir mille à douze cents mètres de largeur. On compte trois quarts de lieue de Fontaines à Fontenoy, et le chemin monte à ce premier village par une pente assez douce, pour que des troupes puissent en descendre en gardant leur ordre de bataille; aussi c'est de ce côté que Lothaire descendit de son camp dans la vallée pour se porter au-devant de l'armée de ses frères qui venaient de s'emparer des hauteurs de Soulmé. Le chemin de Thury à Fontaines passe effectivement par la position de Soulmé : ainsi c'était bien dans cette direction que devaient se heurter les armées ennemies.

Fontenoy, d'après nos anciennes chroniques, n'était, dans l'origine, qu'un monastère dont le territoire fut donné aux moines de Saint-Cosme et Saint-Damien d'Auxerre, pour l'approvisionnement en blé de leur monastère, *in Fontanetum ad frumenta serenda*. Saint Marien y mourut en 488 et sa chronique désigne le monastère sous le nom de *monasterium Fontanetense*. Il est question de cette maison dans un règlement synodal de saint Aunaire, évêque d'Auxerre au vi[e] siècle; elle y est appelée *Monasterium Fontanetense*, et dans une charte de 1155, l'abbé en est

---

(1) Le nom de *ru* est encore très-usité, dans nos pays, pour désigner un petit ruisseau ; il vient du latin *rivulus*. Le ru de Fontenoy ne conserve de l'eau qu'une partie de l'année ; dans les sécheresses il est tari entièrement.

désigné par les mots *Abbati de Fontaneto* et dans un autre endroit *Monacho Fontaneti*.

Le bourg de Fontenoy fut bâti à quelque distance de ce monastère et ne fut peut-être, dans le principe, que la ferme des moines. Les ruines du couvent se distinguent encore à peu de distance, à l'orient du bourg, sur le bord du *ru*. Elles portent, dans le pays, le nom d'église de Saint-Bonnet, saint qui, sans doute, était le patron du couvent. La statue de ce saint, qui est toujours en grande vénération dans le pays, a été transportée de nos jours dans l'église de la petite commune de Levis (*Livodicus*), qui est peu éloignée de la position de l'ancien monastère. Les champs qui entourent ces ruines portent le nom de *Terres aux Moines*, et quelques débris de constructions, restes de l'ancien monastère, sont connus des paysans sous le nom de *Tour de la Procession*; sans doute parce que de Levis, de Fontenoy, Fontaines, Sementron et autres communes voisines, on y venait processionnellement invoquer saint Bonnet. Ce territoire dépendit de l'abbaye de Saint-Germain d'Auxerre, jusqu'à l'époque de la première révolution, où il fut vendu à divers particuliers.

L'abbé Lebeuf, dans sa dissertation, après avoir examiné la position de Fontenoy, déclare qu'elle ne lui paraît pas devoir convenir pour le lieu où s'est donnée la bataille, attendu qu'il n'existe pas dans ses environs de montagne où ait pu camper Lothaire. Sans doute, M. Lebeuf n'avait pas vu les lieux, car il n'eût pu s'empêcher de remarquer la belle position du plateau de Fontaines qui est le point le plus élevé de tous ces cantons, et le campement le plus militaire, peut-être, que puisse offrir l'Auxerrois dans la circonstance où se trouvait Lothaire.

M. Pasumot fait camper Lothaire à Fontenoy et à Soulmé qu'il écrit Solémé, je ne sais trop pourquoi; mais cette position eût été trop défavorable à Lothaire, pour croire qu'il eût dû la choisir; d'ailleurs, elle ne peut se rapporter au récit de Nithard, car Lothaire campé à Soulmé et à Fontenoy eût été menacé par l'armée de ses frères qui s'étendait sur les hauteurs de Lain, du Deffand et de Thury, au lieu que Nithard dit expressément qu'au moment du combat Charles et Louis, occupant les hauteurs de Soulmé, étaient encore dominés par la position de leur frère. Il n'y a que celle de Fontaines qui puisse se rapporter à ce que dit Nithard, car celle de Soulmé n'étant qu'une contre-pente du plateau de Lain et de Thury, Lothaire y eût encore été au-dessous de ses adversaires, et rien ne les eût empêchés de l'attaquer dès leur arrivée au camp de Thury. On ne peut croire que Lothaire, qui voulait au contraire éviter le combat jusqu'à la venue de Pépin, eût choisi une position où, à chaque instant, on pouvait l'attaquer avec avantage, tandis que celle du plateau de Fontaines lui offrait un campement inabordable et où il restait maître de choisir le moment du combat. Je me dispenserai de suivre M. Pasumot dans les mouvements qu'il fait exécuter aux deux armées dans cette affaire, attendu que les ayant rapportés à la disposition qu'il a donnée à leur campement, ils ne peuvent être que très-faux.

Il fait aussi venir Pépin, de la Loire au camp de Lothaire, par Saint-Amand, Saint-Sauveur et Saints-en-Puisaye, ce qui allonge de beaucoup le chemin que ce prince avait à faire, et le rapproche trop des armées de ses oncles qui eussent pu l'inquiéter dans sa marche. Il lui fut bien plus commode de venir par Bonny, Bléneau, Sept-Fonds et Mézilles sur Fontaines : par cette marche il était entièrement couvert par l'armée de Lothaire, et avait bien moins de distance à parcourir.

Thury est un petit bourg, situé à 8 lieues d'Auxerre, à deux de Saint-Sauveur et à une lieue et demie de Fontenoy et de Fontaines ; il se trouve au milieu de la chaîne de hauteurs qui sépare les eaux de l'Yonne de celles du Loing. Quoique sa position soit au centre même de la chaîne, elle est un peu enfoncée; mais de très-vastes plateaux l'entourent de touts côtés, et c'est sur les hauteurs de Lain, du Deffand, du Buisson et de la Mallerue, qu'étaient campées les armées française et germanique, faisant face à la position de Fontaines qu'occupait Lothaire, et n'étant séparées que par la vallée de Fontenoy, et la contre-pente de Soulmé et des Galambers. Il est à croire que les armées alliées occupèrent ces hauteurs dès leur arrivée, et que le quartier des deux rois fut placé à Thury, comme étant au centre et à l'arrière de la ligne, et à cause de la commodité des eaux très-abondantes dans ce bourg, par suite de la dépression de la chaîne de montagnes où il se trouve.

Les anciennes chartes écrivent son nom *Tauriacus*, ainsi qu'on le trouve dans Nithard. Il faut avoir vu une seule fois la position des plateaux qui environnent Thury, pour y reconnaître une des plus belles positions militaires que l'on puisse trouver. Le terrain est sec, découvert et élevé; cent mille hommes de cavalerie y manœuvreraient en tous sens, depuis Ouanne jusqu'à Etais, sans y rencontrer le moindre obstacle; point d'arbres, point de fossés, point de ravins ou de marais. C'est une plaine magnifique, dont le sol est ferme et pierreux, où l'œil peut s'étendre sur un horizon immense et sans bornes. De là, on découvre parfaitement la position de Fontaines qui est presque aussi élevée, et n'est séparée que par les vallées du Rudingron et de Fontenoy ; le coteau de Soulmé et les bois de Briottes se trouvent au centre de ces deux positions, et devaient nécessairement être le point central de l'action. Toutes les traditions populaires, comme je l'expliquerai tout à l'heure, indiquent qu'il s'est livré une grande bataille dans ces lieux, mais sans préciser l'époque et l'endroit du combat.

Soulmé, *Solemiacum*, est aujourd'hui un petit hameau situé sur l'une des contre-pentes du plateau de Lain et du Deffand, vis-à-vis le débouché de la vallée de Fontenoy qui, en cet endroit, fait un coude pour se replier du côté de Sementron et de Taingy. A quatre cents pas au midi de Soulmé est un bois connu, de tout temps, sous le nom de bois *des Briottes*, que je crois être le *Brittas* de Nithard. D'après tout ce que j'ai déjà exposé, il ne me reste pas de doute que le fort de la bataille n'ait eu lieu sur la colline de Soulmé, dans le bois de Briottes, près de Fontenoy, et plus au nord, sur le ruisseau qui traverse cette vallée, le *Rivolum Burgundionum* de Nithard.

Au bas du coteau de Soulmé est une vaste prairie qui borde les rives du ruisseau ; c'est par là que Charles, à la tête de la gendarmerie française, commença à rompre le centre de la ligne ennemie et à décider la victoire. Cette prairie est connue dans le pays sous le nom de *Fosse aux Gendarmes*, qu'elle porte aussi dans les titres les plus anciens.

Non loin des ruines du couvent de Saint-Bonnet, à l'extrémité de la prairie dite la Fosse aux Gendarmes, existe un étang dont la chaussée est détruite depuis des siècles. Cet endroit porte le nom d'*Etang de la Guerre*; en démolissant des parties de la chaussée pour faciliter le passage de la charrue, on a trouvé des médailles, des ossements et des morceaux de fer tellement oxidés qu'on n'a pu reconnaître quelle avait été leur forme primitive. Ces objets, conservés avec peu de soin par les habitants du pays, ont disparu depuis.

Au bas du coteau de Soulmé, entre le bois de Briottes et Fontenoy, la plaine qui est cultivée porte le nom de *Champ du Malheur*. Selon le rapport des habitants du pays, chaque jour les laboureurs amènent, avec le soc de la charrue, des ossements d'hommes et de chevaux, des débris d'armures (1) de diverses espèces, entièrement oxidés. Toutes les traditions populaires s'accordent pour faire livrer en ces lieux, dans des temps fort anciens, une grande bataille où il périt beaucoup de monde et on sait combien les traditions populaires conservent longtemps les souvenirs de cette nature, surtout dans les pays où la civilisation a moins distrait le peuple de ce qui concerne l'histoire orale des lieux qu'il habite, témoins les cantons à demi sauvages de l'ancienne Ecosse et de la Scandinavie.

L'abbé Lebeuf place le champ de bataille sur les plateaux de *Thury*, *Lain*, *Test-Milon*, *Druyes* et *Etais*, où j'ai dit qu'étaient campées les armées de Louis et de Charles. Comme ils furent vainqueurs, il est peu à

» (1) Silicet et tempus veniet cum finibus illis
» Agricola, incurvo terram molitur aratro,
« Exesa inveniet scabra rubigine vila :
» Aut gravibus rastris, galeas pulsabit inanes
» Grandiaque effossis mirabitur ossa sepulchris (Virgile, Géorg.)

croire qu'on se soit battu sur l'emplacement de leur camp; Lebeuf s'évertue cependant à faire cadrer les noms de ces différents lieux avec ceux indiqués par Nithard. Il place le *Brittas* de cet écrivain à *Bretignelle*, près Druyes, *Fagit*, au *Fey*, qui est une ferme proche *Etais*; il fait venir le nom d'Etais de *Testæ*; et *Test-Milon* de *Testæ Milonis*, des têtes qui furent enterrées dans ces différents lieux. Je laisse à la sagacité du lecteur à penser ce que valent ces opinions.

La fête de Saint-Jean, au jour anniversaire de la bataille dite de Fontenoy, est la fête patronale de toute la partie de la Puisaye voisine du lieu où s'est livré le combat. Au bourg de Saint-Marcel, situé à la descente du plateau de Fontaines, dans la vallée de Fontenoy, est une chapelle dédiée à Saint-Jean. Cette chapelle dépendait du prieuré de Saint-Sauveur, qui, lui-même, était une propriété de l'abbaye Saint-Germain d'Auxerre.

Saint Jean est le patron de l'église de Saint-Sauveur; et chaque année il se tient dans cette ville un *apport* très-considérable le jour de la fête de ce saint.

A Lavau, à Diges, à Sementron, cette fête est également paroissiale, et tous les habitants des environs s'y rassemblent pour prendre part aux divertissements dont les cérémonies religieuses sont suivies. Plusieurs monastères ont existé dans cette partie de l'Auxerrois, et peut-être n'ont-ils dû leur fondation qu'à la piété reconnaissante de Charles-le-Chauve et de Louis-le-Germanique, ou de quelques seigneurs échappés aux périls de la journée de Fontenoy. J'ai déjà dit qu'il existait un couvent à Fontenoy, *Monasterium Fontanetum*; il en fut bâti un autre où est aujourd'hui le petit bourg de Saints-en-Puisaye qui, dans nos chroniques est nommé *Monasterium Cociacense ad sanctos*, le monastère de Coucy-les-Saints (1). Un autre monastère a existé où est aujourd'hui le village de la Mallerue, situé à une lieue de Thury ; on trouve encore près de cet endroit un grand nombre de tombes en pierres semblables à celles qui renferment les corps des évêques d'Auxerre dans les cryptes de l'ancienne abbaye de Saint-Germain, et tels que ceux que l'on trouve près de Saints-en-Puisaye, en faisant des fouilles. Ces tombes qui, autrefois, ont servi à enterrer les moines de ce couvent se trouvent aujourd'hui à très-peu de profondeur au-dessous du sol, et près de la Mallerue, souvent la charrue heurte de ces sarcophages que les paysans déterrent et emportent pour faire des auges à l'usage de leurs bestiaux ; j'en ai vu arracher plusieurs de terre sur le revers du coteau qui mène à Thury, et je me suis assuré qu'ils renfermaient encore les ossements des cadavres qui y avaient été déposés. Il est à croire que la plupart de ces monastères durent aussi leur origine à la piété de Charles-le-Chauve ou de quelques grands de son armée, comme nous l'avons dit plus haut.

V.

Maintenant que j'ai déterminé le lieu où s'est donnée la bataille de Fontenoy par l'emplacement du bourg qui lui a donné son nom, il me reste à faire connaître les autres endroits de l'Auxerrois qui ont été désignés comme ayant pu être le *Fontanetum* de Nithard.

(1) C'est au village de Saints-en-Puisaye que nos chroniques chrétiennes prétendent que, sous l'empire d'Aurélien, saint Prix et ses compagnons furent martyrisés.

Le premier est un bourg appelé Fontenay, situé à quatre lieues d'Auxerre, proche la petite ville de Chablis ; mais ce village est sur la rive droite de l'Yonne, entre cette rivière et la Cure; il n'y a pas de ruisseau dans ses environs et si le combat s'y fut donné on se serait battu sur les rives mêmes de l'Yonne, dont le bourg de Fontenay n'est éloigné que de trois quarts de lieues ; or, Nithard n'eut pas manqué de faire mention de cette rivière. D'ailleurs ce bourg est dans un pays découvert qui ne convenait pas à l'intention où était Lothaire de se soustraire aux poursuites de ses frères. Ensuite, il n'existe dans les environs aucun endroit auquel on puisse appliquer les noms de *Tauriacus*, de *Solemnat* et de *Fagit*, indiqués par Nithard ; Enfin, cette position ne convient nullement aux marches des armées ennemies et aux projets de leurs chefs. Le deuxième est Fontenay-sous-Fouronnes, petit village à cinq lieues au sud-est d'Auxerre et à une lieue et demie à l'ouest de la rivière d'Yonne. Ce lieu ne cadre pas plus avec la description de Nithard que le précédent. Il n'y a pas de ruisseau près de ce bourg, sinon la petite rivière de Charentenay, qui en est déjà à près d'une lieue de distance; d'ailleurs si on suppose l'armée de Lothaire et celle de ses frères campée à Thury qui est quatre lieues au couchant de ce Fontenoy, alors Pepin qui venait de la Loire, n'eut pu opérer sa jonction avec Lothaire sans tomber dans l'armée de ses deux oncles qui lui barraient absolument le chemin et étaient placées entre la Loire et ce Fontenay. Le troisième est un bourg nommé également Fontenay, situé à une lieue et demie de Clamecy, à quatre de Thury et à neuf lieues au sud d'Auxerre. Cet endroit convient encore moins que les deux autres, attendu que Lothaire, qui devait cher-

cher à se rapprocher de la Loire pour y opérer plus facilement sa jonction avec Pepin, n'eut pas été s'écarter de cette rivière en remontant du côté des sources de l'Yonne dans un pays où une armée ne peut pénétrer qu'avec la plus grande difficulté. D'ailleurs s'il eût occupé cette position, ses frères loin de l'avoir dépassé en occupant celle de Thury, se fussent trouvés à quatre lieues à l'arrière, ce qui est contre le dire de Nithard qui écrit expressément :

« *Eadem autem die fratres sui post Lodharium iter accele-*
» *rantes antecesserunt illum.* »

Il y avait à ce Fontenay un prieuré de l'ordre de Grand-Mont, fondé dans le xiie siècle par Guillaume IV, comte d'Auxerre, qui est appelé dans les chroniques de l'abbaye de Saint-Germain d'Auxerre, *Fontanetum monasterium.*

Je m'abstiendrai d'énumérer ici d'autres endroits qui ont également été proposés pour le théâtre de la bataille de Fontenoy; on trouvera dans la dissertation très-étendue de Lebeuf tout ce que l'on peut désirer sur cet objet.

Pour terminer cette dissertation, je crois devoir ajouter au récit de Nithard, qui seul jusqu'à présent nous a servi de guide, quelques fragments d'un récit rithmique de cette même bataille, composé par Angilbert, l'un des chefs de l'armée de Lothaire, dont le manuscrit existe à la Bibliothèque nationale, sous le n° 1154. On y verra combien ce récit tend à confirmer ce que j'avance sur le lieu où s'est donnée la bataille de Fontenoy.

Angilbert dit positivement que le combat s'est donné près du bourg de Fontenoy et par conséquent en bas du plateau de Fontaines.

> *Fontaneto Font.... dicunt*
> *Villam quoque rustici,*
> *In qua strages et ruinæ*
> *Francorum de sanguine,*
> *Orrent campi, orrent silvæ,*
> *Orrent ipsi paludes.*

On voit de plus, d'après ces exclamations, que le combat qui fut on ne peut plus meurtrier s'est livré dans un pays coupé de plaines, de bois et de marais tel que celui qui se trouve entre la position de Thury et de Fontaines, et surtout près de Soulmé où a eu lieu le fort de l'affaire. Ce passage est aussi tout à fait contraire à l'opinion de l'abbé Lebeuf qui fait combattre les deux armées sur les plateaux unis et découverts de Lain, de Druyes et d'Etais.

Dans une autre strophe, Angilbert appuie encore mon opinion de la manière la plus irrécusable.

> *Imma vallis retrospexi*
> *Verticemque inieri*
> *Ubi suos inimicos,*
> *Rex fortis Lotharius*
> *Expugnabat fugientes*
> *Usque forum rivuli.*

Il est impossible d'indiquer d'une manière plus exacte la partie de la vallée de Fontenoy située au bas du coteau de Soulmé, là précisément où se trouve *l'Etang de la guerre*, *la Fosse aux gendarmes* et *le Champ du malheur*; et l'on voit très-clairement que c'est de cette colline jusqu'au ru de Fontenoy, qu'on été faits les plus grands efforts de part et d'autre et que furent portés les coups qui décidèrent de la victoire. Pour mettre le lecteur plus à même de juger par lui-même, après avoir pris connaissance des seules pièces originales que l'on ait sur ce sujet, je vais donner, à la suite de cette discussion, copie de la partie du récit de Nithard, qui a rapport à la bataille ainsi que celui d'Angilbert.

Avant de clore mon travail, je crois devoir faire connaître un monument numismatique figuré dans les Annales de la monarchie française, rédigées par M. de Limiers et imprimées à Amsterdam en 1729. Dans la troisième partie de cet ouvrage contenant l'explication des médailles frappées sous la seconde race de nos rois, on en trouve une ayant rapport à l'alliance des deux rois Charles et Louis, et à la bataille de Fontenoy. Sur l'une de ses faces on voit représentés deux faisceaux de piques passés en sautoir sur une hallebarde, accompagnés de deux casques, l'un à droite et l'autre à gauche des faisceaux, avec cette légende : *invictis viribus crevenla sed utilis*. Dans l'exergue est écrit en abrégé le nom du lieu où s'est donnée la bataille.

IN AG. FON. (1).
(*In agro Fontaneti.*)

---

(1) Je ne sais jusqu'à quel point cette médaille est authentique. Je la cite seulement comme un document relatif à la bataille.

PIÈCES JUSTIFICATIVES.

EXTRAIT DU RÉCIT DE NITHARD

(Recueil des Hist. de France, t. VII, p. 20.)

ANNO 841.

Quamobrem Cadhellonicam Karolus adiit urbem, ibique matre una cum Aquitanis recepta, repente nunciatur quod Lodhuwicus cum Adhelberto Duce Austrasiorum prælio commisso vicisset, Rhenoque trajecto, ob illius adjutorium, quantocius posset, veniret. Quod cum ocius universis castris omnibus notum fieret, cuncti alacri animo ut illi obviam irent, suadebant. Lodharius quoque hæc ita se habere ut deprehendit, circumfusæ plebi Karolum fugam iniisse, persequique illum quantocius posset, velle denunciat. Quod quidem nuncio fidos sibi alacriores reddidit, dubiis autem quibusque et affluendi audaciam injecit, et firmiores suæ parti reddidit. Cumque Carolus a Lodhario persequi se didicisset, quoniam in difficili loco aquis paludibusque circumfusis castra posuerant, ut absque qualibet difficultate, si Lodharius vellet, congredi possent, protinus obviam illi perrexit. Quæ quidem Lodhario ut nunciata sunt, castra posuit, ac veluti fessis equis biduo requiem dedit. Iterato itaque cum hæc eadam fecissent, missoque invicem frequenter mitterent, sed nihil proficui deliberare possent, tandem appropinquantes Lodhuwicus et Karolus conveniunt, deque his omnibus in eodem Conventu quæ Lodharius absque quolibet moderamine erga se suosque sæviebat, dolendo conferunt : quid vero deinceps agendum opportunius videretur, in crastinum deliberaturi. Aurora siquidem dilucescente conveniunt, concilium ineunt, in quo multum de tanta calamitate conqueruntur. Cumque alteruter quæ quantave et qualia passi a fratre fuerant, referre desiissent, universis visum unanimiter parique consensu, tam ex sacrosancto ordine episcoporum quam et laïcorum, viros nobiles, prudentes, benivolos deligant, per quos, quæ pater inter illos statuerat, et quæ post obitum patris ab illo passi sint, mandent : insuper obsecrent ut memor sit Dei omnipotentis, et concedat pacem fratribus suis universæque Ecclesiæ Dei : cederet cuique, quod patris fratrumque consensu juste debebatur : insuper etiam, ut justis precibus acquiesceret, offerant illi quicquid absque equis et armis in universo exercitu habere videbantur. Et si his monitis obsecrationibusque acquiescere vellet, placere : sin aliter, aiebant se divino ex munere suffragium absque dubio sperare posse, si omne quod justum est vellent, et hoc fratri offerre humiliter studerent. Quæ quoniam merito rata videbantur, protinus expleta sunt.

Sed hæc veluti pro nihilo ducta Lodharius sprevit : per suos se nihil absque prælio velle mandavit. Confestimque obviam Pippino, qui ab Aquitania ad illum veniebat, iter arripuit. Quod cum ocius didicissent Lodhuwicus et sui, supra modum rem graviter ferentes (erant enim undique graviter tam itineris longitudine, quam et præliis variisque difficultatibus, et maxime equorum inopia attriti) verumtamen quamquam se hæc ita haberent, timentes ne forte, si ab auxilio fratris frater deficeret, posteris suis indignam memoriam reliquissent. Quod quidem ne facerent, elegerunt omni penureæ, etiam si oporteret, morti potius subire, quam nomen invictum amittere. Quamobrem ex eadem magnanimitate mœstitia oppressa, invicem se adhortantes, gaudentes velociterque ut Lodharium cito consequi possent, ibant. Cumque insperate propter urbem Alciodorensem uterque exercitus alter ab altero videretur, confestim Lodharius verens ne forte fratres sui absque dilatione supra se irruere vellent, armatus castra aliquantulum excessit. Quod quoniam fratres sui facere illum cognoverunt, quosdam castrametantes relinquunt, quosdam secum armatos assumunt, et absque dilatione obviam procedunt. Missos invicem mittunt, pacemque sub nocte componunt. Castra autem ab invicem distabant plus minus leuvas tres, et intererat paucula palus saltusque : ac per hoc erat utrique ad alterum difficilis accessus. Quapropter aurora dilucescente, Lodhuwicus et Karolus ad Lodharium mittunt : mandant sibi valde displicere quod illis pacem absque prælio denegaverat. Quod etiam, quoniam vellet, et absque qualibet fraude, si fieri deberet, esset. Et primum quidem jejuniis ac votis Deum invocent; deinde si ille transire ad illos voluisset, locum transeundi se daturos promittunt : ut omni impedimento sua suorumque ex parte ablato, absque qualibet occulta deceptione congredi possent Quæ et si vellet, sacramento firmare præceperunt ; at si nollet, ut eadem illis concederet atque firmaret, rogant et petunt. Is autem more solito per suos se responsurum promisit, et ut legati regressi sunt, protinus obviam iter arripuit, ac locum, quo castra poneret, Fontanetum petit. Eadem autem die fratres sui post Lodharium iter accelerantes, antecesserunt illum, et propter vicum, qui Tauriacus dicitur, castra posuerunt. Crastina die exercitus præparati ad prælium, castra aliquantulum excesserunt. Præmittentes Lodhuwicus ac Karolus Lodhario mandaverunt ut memor esset fraternæ conditionis, sineret Ecclesiam Dei et universum populum christianum pacem habere, concederet illis regna a patre suo consensu concessa, haberet sua sibi, non merito, sed sola misericordia a patre illi relicta. Et in munere offerebant illi quicquid in universo exercitu absque armis et equis habere videbantur. At si id nollet, cedebant illi uterque portionem regni, alter usque Carbonarias, alter vero usque Rhenum. Quod et si renueret, universam Franciam æqua lance dividerent, et quicquid horum vellet, suæ ditionis esset. Ad quod Lodharius more solito per suos se quicquid placeret notare respondit, mittensque per præsens Drogonem, Hugonem et Hegibertum, mandat non illos aliquid tale antea illi mandasse : ad quod considerandum spacium habere se velle aiebat. Re autem vera Pippinus non venerat ; illum hac dilatione exspectare volebat. Verumtamen Ricuinum, Hirmenaldum, et Fredericum sacramento firmare præcepit, quod pro nulla re alia has inducias peteret, præterquam quod commune profectum tam illorum quam et universæ plebis, sicut justitiam inter fratres et populum Christi oportebat quærere volebat. Quo quidem sacramento Lodhuwicus et

Karolus creduli effecti, eadem die et in crastinum, insuper
etiam usque in horam secundam diei tertiæ quod evenit vii Kalend. julii, pace utrorumque ex parte jurejurando firmata, ad
castra redeunt, missam vero Sancti Joannis in crastinum cele-
braturi. Pippino quoque eadem die Lodharius in supplementum
recepto, mandat fratribus suis, quoniam scirent illi imperatoris
nomen magna auctoritate fuisse impositum; ut considerent
quatenus ejusdem nominis magnificum posset explere officium :
insuper autem haud se libenter utrorumque quærere profectum.
Interrogati autem si quiddam horum quæ mandaverant recipere
vellet, vel si quamlibet finitivam sententiam illis mandasset, nihil
sibi horum fuisse injunctum responderunt. Quamobrem cum
omnis spes justitiæ ac pacis sua ex parte ablata videretur,
mandant illi, si melius non invenisset, aut reciperet unum
horum quæ illi mandaverant, aut nosset illos in crastinum
(quod contigit, sicut præfatum est, vii Kalend. Julii, hora
videlicet diei secunda,) ad omnipotentis Dei judicium, quod
illis absque illorum voluntate mandaverat, esse venturos. Quæ
quidem Lodharius solito more insolenter sprevit, et visuros se
quid agere deberet, respondit. Dum hæc super Ligerim juxta
Sanctum Ludualdum consistens scriberem, eclipsis solis hora
prima, prima feria, xv kal. novembris in scorpione contigit.
His ita omissis, diluculo Lodhuwicus et Karolus consurgunt,
verticem montis castris Lodharii contigui cum tertia, ut videtur,
exercitus parte occupant ; adventumque ejus, et horam secundam, ut sui juraverant, exspectant. Cumque utrumque adesset,
prælium super Rivolum Burgundionum magno certamine committunt. Et Lodhuwicus quidem ac Lodharius in loco, qui
Brittas dicitur, strenue confligunt : quo superatus Lodharius,
terga vertit. Pars autem exercitus, quam Karolus in loco, qui
Fagit vulgo dicitur, excepit, protinus fugit : pars vero, quæ in
Solennat Adhelardum ceterosque, quibus haud modicum supplementum, Domino auxiliante, præbui, appetiit, strenue conflixit.
Quo et utrique vicerunt. Sed novissime omnes a parte Lodharii
fugerunt. Quo finem primi certaminis dedit Lodharius, termi-
netur Liber secundus.

Liber tertius.   Prælio quidem, uti præfatum est, strenue peracto, quid de palantibus peragere deberetur, Lodhuwicus et Karolus in eodem campo deliberare cœperunt. Et quidam, ira correpti, persequi hostes suadebant ; quidam autem, et maxime Reges, miserantes fratris plebisque, et ut judicio Dei et hac plaga repressi, ab iniqua cupiditate resipiscerent, et Deo donante, deinde unanimes in vera justitia devenirent, piis visceribus, solito more, optabant. In quo negotio Dei omnipotentis misericordia ut præstolaretur, suadebant. Quibus cetera multitudo assentientes, a prælio et præda discesserunt, et fere mediante die ad castra redeunt, quid deinceps consultius acturum videretur, deliberaturi. Fuit quidem ingens numerus prædæ, et ingens cædes ; insuper admirabilis, immo et merito notabilis misericordia, tam regum quam et universorum. Nam diversis pro rebus diem Dominicum inibi acturos se deliberarunt. In quo, missa peracta, amicos et inimicos, fideles et infideles pariter sepulturæ tradebant plaga correptos, ac semivivos, eodem modo pro viribus ex animo refovebant. Post hos, qui fuga evaserant, miserunt offerentes, si reverti sana fide vellent, omnia delicta remitti. Post hæc Reges populique super fratre populoque christiano dolentes, percontari episcopos cœperunt, quid agere super hoc negotio deberent. Quamobrem unanimes ad concilium omnes episcopi confluunt, inventumque in conventu publico est, quod pro sola justitia et æquitate decertaverint, et hoc Dei judicio manifestum effectum sit ; ac per hoc immunis omnis Dei minister in hoc negotio haberi, tam suasor quam et effector, deberet.....

Fragment d'un poème d'Angilbert sur la bataille de Fontenoy.

(Mss. Bibl. nat. n° 1154.)

Aurora cum primo mane
Tetram noctem dividens
Sabbatum non illud fuit
Sed Saturni dolium

De fraterna rupta pace
Gaudet demon impius.

Bella clamant hinc et inde
Pugna gravis oritur
Frater fratri mortem parat
Nepoti avunculus
Filius nec patri suo
Exhibet quod meruit.

Cædes nulla pejor fuit
Campo nec in mercio
Facta est lex christianorum
Sanguine pluvi......
Unde manus infernorum
Gaudet gula Cerberi.

Dentra præpotens Dei
Protexit Hlotharium
Victor ille manu sua
Pugnavitque fortiter
Cæteri si sic pugnassent
Mox feret concordia.

Ecce olim velut Judas
Salvatorem tradidit
Sic te rex tuique duces
Tradiderunt gladio
Esto cautus ne frauderis
Agnus lupo previo.

Fontaneto Font.. dicunt
Villam quoque rustici
In qua strages et ruinæ
Francorum de sanguine
Orrent campi, orrent silvæ,
Orrent ipsi paludes.

Gramen illud ros et imber
Nec humectet pluvia
In quo fortes ceciderunt
Prælio doctissimi,
Plangent illos qui fuerunt
Illo casu mortui.

Hoc autem scelus peractum
Quod descripsi rithmice
Angelbertus ego vidi
Pugnansque cum aliis;
Solus de multis remansi
Prima frontis acie.

Ima vallis retrospexi
Verticemque inieri
Ubi suos inimicos,
Rex fortis Hlotharius
Expugnabat fugientes
Usque forum rivuli.

Karoli de parte vero
Hludovici pariter
Albescebant campi vestes
Mortuorum lineas
Velut solent in autumno
Albescere avibus.

Laude pugna non est digna
Nec canatur melode
Oriens meridianus
Occidens vel aquilo
Plangent illos qui fuerunt
In illo casu mortui.

Maledicta dies illa,
Nec in anni circuli

Numeretur sed radatur
Ab omni memoria.
Jubar solis illi desit
Aurora crepusculo.

Nonque illa nox amara
Noxque dura nimium
In qua fortes ceciderunt
Prælio doctissimi
Pater, mater, soror, frater,
Quos amici fleverant

Imp. Perriquet, à Auxerre.

Extrait de la Carte de Cassini pour servir à la description de la Bataille de Fontenoy.

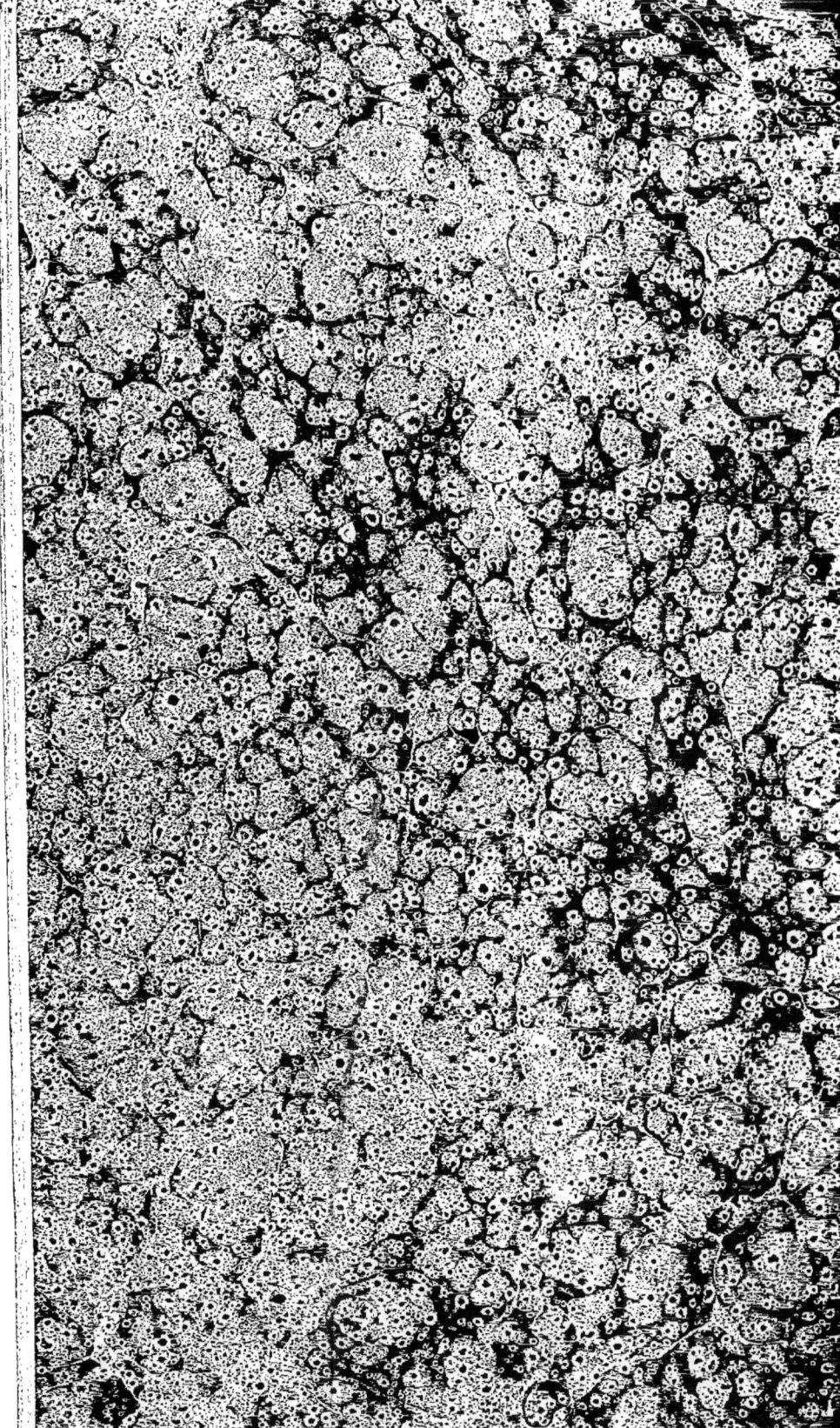

www.ingramcontent.com/pod-product-compliance
Lightning Source LLC
LaVergne TN
LVHW051511090426
835512LV00010B/2480